7011

SOCIÉTÉ DES GENS DE LETTRES.

RAPPORT DU COMITÉ

Sur les Réponses à faire au Questionnaire de la Commission de l'Enquête sur l'Imprimerie et la Librairie

LU PAR

M. LÉO LESPÈS, Rapporteur,

ET ADOPTÉ PAR

L'ASSEMBLÉE GÉNÉRALE

Du 28 Novembre 1869.

PARIS,
IMPRIMERIE DE E. BRIÈRE,
257, RUE SAINT-HONORÉ, 257.

1869.

SOCIÉTÉ DES GENS DE LETTRES.

RAPPORT DU COMITÉ

Sur les Réponses à faire au Questionnaire de la Commission de l'Enquête sur l'Imprimerie et la Librairie

LU PAR

M. LÉO LESPÈS, Rapporteur,

ET ADOPTÉ PAR

L'ASSEMBLÉE GÉNÉRALE

Du 28 Novembre 1869.

PARIS,
IMPRIMERIE DE E. BRIÈRE,
257, RUE SAINT-HONORÉ, 257.

1869.

SOCIÉTÉ DES GENS DE LETTRES.

RAPPORT DU COMITÉ (1)

Sur les Réponses à faire au Questionnaire de la Commission de l'Enquête de l'Imprimerie et de la Librairie

Lu par M. LÉO LESPÈS, Rapporteur,

ET ADOPTÉ PAR

L'ASSEMBLÉE GÉNÉRALE DU 28 NOVEMBRE 1869.

Messieurs et chers Confrères,

Une commission d'enquête, — instituée par le Gouvernement, — pour examiner les réformes à apporter au régime actuel de l'Imprimerie et de la Librairie, — a fait demander à votre Président en exercice son opinion sur la matière et ses réponses aux diverses demandes du *Questionnaire* dont le texte a été adressé à chacun de vous, — au verso de la lettre de convocation à la présente Assemblée.

Votre Président a répondu qu'il ne pouvait agir avec l'autorité désirable, — et représenter absolument le sentiment des écrivains qui lui avaient fait l'honneur de le placer à la tête de

(1) *Président :* M. Frédéric Thomas.—*Vice-Présidents :* MM. Ernest Hamel et Augustin Challamel.—*Membres du Comité :* MM. Edmond About, Altaroche, Eugène d'Auriac, Arthur de Boissieu, Clément Caraguel, Jules de Carné, Henry Celliez, Jules Claretie, Charles Deslys, François Ducuing, Gourdon de Genouillac, Robert Halt, Charles Joliet, Latour Saint-Ybars, Alexandre de Lavergne, Léo Lespès, Henri Martin, Eugène Muller, Tony Révillon, Charles Valois et Pierre Zaccone.—*Suppléants :* MM. Hippolyte Lucas, Robert Hyenne, Armand Lapointe, Germond de Lavigne, L. Auguste Martin, Constant Guéroult.—*Délégué :* M. Emmanuel Gonzalès.

Présidents honoraires : MM. Victor Hugo, Francis Wey, Edouard Thierry, Michel Masson Paul Féval, Emmanuel Gonzalès, Jules Simon.

leur association,—sans les avoir convoqués et s'être fortifié de leur décision.

C'est en raison de cet honorable scrupule que vous êtes réunis aujourd'hui.

En effet, notre excellent camarade Frédéric Thomas vous a dit, en acceptant la présidence : — *Je ne vous conduirai qu'où vous voudrez aller.*

Il était donc naturel d'attendre qu'en raison même du libéralisme bien connu de son esprit et de la droiture de son jugement personnel, ce guide si sûr voudrait faire à la fois un acte de modestie et de bon goût, — en venant vous demander aujourd'hui la route qu'il devra parcourir.

Les questions posées, et dont l'appréciation est demandée au Président de la Société des Gens de Lettres, semblent n'avoir trait qu'à la réglementation des professions de libraire et d'imprimeur.

Mais, il ne faut pas se le dissimuler, elles intéressent l'homme de lettres de la façon la plus complète.

Elles constituent l'exercice de ses droits, elles importent à sa liberté, elles touchent même à son honneur.

Avec le régime actuel, les rigueurs attaquent l'éditeur et l'imprimeur, elles paralysent leur bonne volonté, elles enchaînent leur libre arbitre.

S'il est un cri qui doive s'élever d'un lieu quelconque, comme une réclamation et une protestation tout à la fois, un cri plus énergique, plus impératif que toutes les autres demandes, pour réclamer l'indépendance des libraires et des imprimeurs, c'est assurément, Messieurs et chers Confrères, d'ici qu'il doit partir.

Et d'abord, comme déclaration de principes, votre comité s'élève contre toute mesure préventive à l'égard de la presse.

Sont considérées par lui comme mesures préventives : *l'imprimé saisi, l'impôt du timbre, le monopole de la poste pour le transport des imprimés*, *l'autorisation* nécessaire pour *la vente dans les kiosques*, et aussi le brevet d'éditeur et d'imprimeur qui entravent la liberté de chacun et de tous. La pensée doit être libre ! — libre absolument, — et aucune loi ne la doit considérer à l'avance comme suspecte et dangereuse.

La commission d'enquête s'occupe sérieusement de la liberté des libraires et des imprimeurs.

Cette nouvelle a pu surprendre quelques-uns d'entre nous ; elle me rappelle l'anecdote citée par notre excellent camarade et cosociétaire Eugène Pelletan, au début de la discussion de la loi sur la presse, au Corps législatif :

Un grand seigneur de la cour de Louis XIV, disait-il, avait épousé une demoiselle d'honneur.

Elle lui donna un héritier après trois mois de mariage.

— Je ne vous attendais pas si tôt, dit au nouveau-né le gentilhomme résigné, soyez néanmoins le bienvenu.

Tous les gens de lettres en diront autant du projet de réforme qui nous est annoncé, et rappelleront l'anecdote que notre ami Pelletan racontait à ses collègues du Corps législatif.

Avant d'aborder les sujets sur lesquels vous devez avoir à répondre, constatons un fait :

C'est la première fois qu'on demande à une assemblée d'écrivains son opinion sur certains points de droit pénal ou prohibitif.

C'est la première fois que le législateur prend l'avis des gens de lettres, pour savoir quelle est leur opinion sur un cas de responsabilité ;

A savoir si l'imprimeur, si l'éditeur, si le libraire détaillant doivent être responsables de la nature d'un écrit.

Votre Comité n'a pas voulu, dans cette grave circonstance, décliner l'honneur de formuler devant vous son avis.

Et il espère qu'il sera le vôtre.

L'homme de lettres, au XIXe siècle, n'est ni un excentrique, vivant en dehors de la civilisation, ni un favori de César ou un familier de Mécène.

C'est avant tout et surtout un citoyen, plus citoyen peut-être qu'un autre, puisque non-seulement il *parle* et il *agit*.... mais qu'il *écrit* à l'avance ce qu'il compte dire et faire.

Il demande depuis longtemps la suppression du monopole des imprimeurs et des libraires.

Il demande surtout que l'imprimeur et le libraire ne soient jamais poursuivis comme complices d'un prétendu délit.

En ce faisant, il réclame comme une propriété, comme un devoir, comme un honneur, le droit de l'entière et complète responsabilité de ses actes. L'imprimeur est représenté par une machine, le libraire est un détaillant ; l'auteur seul doit être l'apôtre unique et responsable de son idée.

Il y a mille ans et plus qu'il est prêt à s'immoler pour elle.

Ce n'est pas devant les demandes du questionnaire, qui lui sont soumises, que l'écrivain de nos jours reniera la foi professionnelle.

Afin de formuler son opinion non-seulement avec la généreuse véhémence qui caractérise les hommes de lettres revendiquant leurs droits, mais aussi avec le calme qui sied à des hommes auxquels on demande leur avis sur des modifications à apporter aux lois de leur pays, le Comité a chargé le jurisconsulte qui a si heureusement collaboré à la création de votre Société, M. Henry Celliez, de rédiger quelques notes précises pour les réponses à faire au questionnaire.

M. Celliez n'est-il pas cet infatigable défenseur de la propriété littéraire, qui en a fait reconnaître le principe devant toutes les juridictions ?

M. Celliez n'est-il pas cet excellent confrère dont la parole est prête à la défense de chacun de nous ?

C'est un acte d'égoïsme de ma part, c'est assurément pour me donner une assurance de bienvenue parmi vous, que j'ai inséré son travail si lucide dans le rapport que vous voulez bien écouter en ce moment.

Voici les notes de M. Henry Celliez :

« La Société des Gens de Lettres doit examiner, au point de » vue de l'*intérêt professionnel* des écrivains, les questions posées » par la *Commission de l'enquête sur l'Imprimerie et la Librairie.*

» Pour résoudre ces questions ainsi envisagées, il faut expri- » mer d'abord ce que la Société doit regarder comme conve- » nable, *en principe*, à l'intérêt des écrivains.

» L'intérêt des écrivains est de pouvoir exprimer librement » leur pensée, et de pouvoir faire publier librement leurs écrits.

» La première condition essentielle de cette *liberté*, c'est la *res-* » *ponsabilité de leurs écrits*, car nul ne doit être libre qu'à charge » de répondre devant la loi quelle qu'elle soit.—Et, réciproque- » ment, la responsabilité implique la liberté d'agir.

» Notre intérêt est donc que les lois soient combinées de ma- » nière à établir la *responsabilité de l'écrivain* en qualité d'*auteur*, » en considérant les *Entrepreneurs de publication*, qui fabriquent » et vendent les imprimés, comme de simples *instruments* em- » ployés par les auteurs.

» C'est le contraire des lois actuelles, qui ont le grand tort de » considérer l'Entrepreneur de publications comme le principal » Responsable, et attribuent à l'Auteur la qualité de complice » quand un délit est relevé dans l'œuvre publiée.

» La seconde condition de la liberté des écrivains pour la publi- » cation de leurs œuvres, c'est que les industries qui concourent » à cette publication soient placées dans le *Droit commun* établi » en principe dès 1789, c'est-à-dire qu'on ne leur impose pas

» plus de formalités et de mesures *préventives* qu'à toutes les » autres industries.

» Ici. comme partout, le corrélatif de la *liberté*, c'est la *res-* » *ponsabilité.*

» La loi sur l'imprimerie et la librairie ne doit donc pas avoir » d'autre but que de déterminer les règles *indispensables*, — (à » raison de la nature des produits fabriqués et vendus par les im- » primeurs et libraires, agents des auteurs),—pour assurer effi- » cacement la *responsabilité des écrivains.*

» Ces règles pourraient consister dans les dispositions sui- » vantes, qui répondraient à l'article 1er du questionnaire :

» 1° Tout écrit ou dessin, imprimé par un procédé quelconque, » pourra être librement mis au jour et distribué, pourvu que » chaque exemplaire porte : — le nom et la demeure de l'*impri-* » *meur*,—le nom et la demeure de l'*éditeur*,—la *signature* ou la » *marque* de l'*auteur*.

» 2° Au moment de la mise au jour, *un* exemplaire devra être » *déposé par l'imprimeur* dans un établissement public, où il » sera numéroté et conservé, au lieu d'être envoyé, comme les » nombreux exemplaires qu'on exige de nous, dans diverses bi- » bliothèques.

» 3° Le dépôt sera accompagné d'une *déclaration* de l'impri- » meur indiquant :

» *a* Le nombre des exemplaires tirés,

» *b* Le nom et la demeure de la personne qui a commandé » l'impression,

» *c* Le nom de l'auteur.

» 4° Le fonctionnaire qui reçoit le *dépôt* et la *déclaration* dé- » livrera un récépissé à l'*imprimeur* et en donnera avis par écrit » à l'*éditeur* et à l'*auteur* déclarés.

» 5° Si l'*éditeur* ou l'*auteur* désignés veulent contester la dé-

» claration, ils devront le faire dans un délai et suivant une
» forme qui seront réglementés.

» 6° Le *dépôt* et la *déclaration* de l'*imprimeur* seront renouvelés à chaque tirage, ainsi que les avis à l'*éditeur* et à l'*auteur*.

» 7° Une pénalité, conforme aux règles du droit commun en matière de contraventions, devra être établie et graduée efficacement pour déterminer l'observation des dispositions ci-dessus et pour empêcher les déclarations mensongères.

» Une législation dans le sens qui vient d'être indiqué suffirait pour garantir :

— » *L'intérêt général*, en assurant la responsabilité légale des *auteurs*, conformément au Droit commun,

— » Et *l'intérêt des auteurs*, en assurant la responsabilité des *entrepreneurs* de publications, vis-à-vis des auteurs, par la répression des infractions aux lois sur la propriété littéraire.

» En effet, les *auteurs* et les *publicateurs* seraient toujours connus par la déclaration de l'*imprimeur*.

» Ceux qui, sous un pareil régime, essaieraient pour des écrits ou des dessins, la fabrication ou la circulation *clandestine*, c'est-à-dire sans nom d'imprimeur et sans marque d'auteur, — tomberaient inévitablement sous la main de la justice, qui atteint journellement des infractions à la loi bien plus faciles à cacher.

» En vue de ce régime, voici les réponses qui pourraient être proposées aux dix questions de la commission d'enquête :

QUESTION N° 1.

» Remplacer le titre II de la loi de 1814 par les sept articles

» que je viens d'indiquer, et abroger toutes les autres lois exis-
» tantes sur la police de la librairie et de l'imprimerie.

QUESTIONS N°s 2 ET 3.

» Point de brevets.

QUESTION N° 4.

» Point de garanties préalables à exiger pour l'exercice des
» industries de publication.

QUESTION N° 5.

» Déclaration et dépôt pour chaque tirage, — mais point de
» cautionnement, ni aucune règle spéciale professionnelle.

QUESTION N° 6.

» Le commerce libre des livres ne doit être exclusif d'aucun
» autre commerce.

QUESTION N° 7.

» Sur le préjudice qui peut résulter de la suppression des
» brevets actuels, la Société des Gens de Lettres n'a pas d'avis à
» émettre.

» S'il y a préjudice, c'est une question à régler par l'équité
» de la part du gouvernement.

QUESTION N° 8.

» La Propriété littéraire serait garantie par l'apposition, *lé-*
» *galement obligatoire*, de la signature ou *marque* de l'auteur, et
» par la déclaration et le dépôt à chaque tirage, avec conserva-

» tion de l'exemplaire déposé, — bien mieux que par toutes les
» autres mesures édictées par les lois existantes.

QUESTIONS N^{OS} 9 ET 10.

» Le commerce des imprimés et des estampes par voie de *col-*
» *portage* doit être *libre*, comme le commerce sédentaire.

— » Si l'ordre public exige que les colporteurs soient soumis
» à de certains règlements de police, l'adjonction des écrits et
» des dessins aux objets de leur commerce ne doit exercer au-
» cune influence anti-libérale sur ces règlements.

— » Notamment, le procédé actuel de l'*estampille* est consi-
» déré par la Société des Gens de Lettres comme un système
» exposant l'administration publique :

— » Au reproche d'arbitraire,

— » A la lutte avec les écrivains,

— » Et à une responsabilité morale qu'il convient de laisser
» tout entière aux auteurs, de même que la responsabilité lé-
» gale, comme conséquence de la liberté des industries de pu-
» blication. »

Voilà, Messieurs, nos réponses au questionnaire émané de la commission d'enquête sur l'imprimerie et la librairie.

Est-ce à dire qu'elles contiennent tout ce que la Société des Gens de Lettres peut revendiquer au profit intellectuel de chacun de ses membres ?

Assurément non.

Mais la liberté de l'imprimerie et de la librairie amènera d'autres progrès.

Quand le livre aura une libre circulation, quand on pourra vendre le livre en tout temps, en tous lieux, de toutes mains, le journal, qui est un livre quotidien, réclamera et obtiendra sa part d'indépendante circulation.

Avec la reponsabilité de l'écrivain, le cautionnement d'argent, de valeur mobilière fera place à la responsabilité personnelle, à la responsabilité d'honneur du propagateur d'idées.

L'écrivain ne semblera plus caché derrière une machine typographique ou masqué par un comptoir ; et quand il se sera, par l'exercice de son droit reconnu, montré à la hauteur de cette responsabilité, qui est son péril et son honneur tout à la fois, péril glorieux, puisqu'il affirme sa responsibilité, — honneur précieux aussi, puisqu'il le fait l'unique caution de son œuvre, il arrivera infailliblement ceci :

L'Etat, quel qu'il soit, se désarmera de toute poursuite contre la presse.

Devant le champion prêt à répondre de tout à tous, on adoptera les mœurs anglaises, qui laissent toute indépendance à la presse, attendu qu'elle répond de ses actes vis-à-vis de chaque partie lésée.

Nous n'aurons plus à craindre l'interprétation de nos écrits par les agents d'un pouvoir qui pressentent un délit..., plutôt qu'ils ne le prouvent.

Et l'idée, quelle qu'elle soit, à quelque opinion, à quelque parti, à quelque nuance qu'elle appartienne, ne trouvera plus d'obstacle prémédité à son généreux essor.

J'ai cité, en commençant, un mot de notre confrère Eugène Pelletan.

Laissez-moi, en terminant, et pour prouver à la fois la nécessité de rendre le libraire ou l'imprimeur libre, uniquement responsable de son exploitation commerciale, — et aussi la nécessité de supprimer les poursuites du gouvernement, quel qu'il soit, contre un auteur, —de reproduire ici une anecdote racontée par notre très-aimé confrère et ancien président, M. Jules Simon.

Permettez-moi, disait M. Jules Simon à ses collègues du Corps législatif, de citer une anecdote, car, en pareille matière, les faits sont extrêmement probants. Il y a quelques années a paru un livre intitulé *Dieu et l'homme*, non pas une brochure, mais un très-gros livre ; car il coûtait en librairie 9 ou 10 francs, ce qui suppose 6 ou 700 pages d'impression. Le nom de l'auteur était de ceux qui ne peuvent passer inaperçus, c'était un homme qui a joué un très-grand rôle dans le monde des idées. Celui dont je parle a été le chef d'une religion, et on l'a vénéré comme un prophète ; c'est le père Enfantin.

Le livre paraît, et l'éditeur, M. Victor Masson, un homme parfaitement posé et d'une honorabilité parfaite à tous points de vue, est appelé au parquet ; et là on lui tient à peu près ce discours :

« Vous venez de publier un livre qui est rempli d'attaques contre la morale publique et religieuse ; ce livre va être saisi, des poursuites vont avoir lieu : Vous irez, avec M. Enfantin, à Sainte-Pélagie, et vous payerez une grosse amende. »

M. Victor Masson se défendit de son mieux. Mais qu'aurait-il fait contre un procureur impérial, lui qui n'est pas même avocat ?

Ce n'est qu'à bout de ressources, et au moment de sortir du cabinet du procureur impérial, qu'il se décida, bien malgré lui, à tirer de son portefeuille un papier qui décida la question ; c'était une lettre officielle par laquelle M. Enfantin était averti que l'Empereur acceptait la dédicace de son livre, coupable au Palais de Justice, innocent aux Tuileries.

Quelle preuve plus éclatante, disait M. Jules Simon, voulez-vous pour démontrer que la culpabilité d'un écrit change avec les personnes qui le jugent.

Vous le voyez, Messieurs et très-honorés Confrères, un livre peut être coupable ou innocent, selon le jugement,—je n'oserais pas dire *le caprice*, — de celui qui est appelé à l'apprécier.

J'ai fini, Messieurs, et je me résume sur le terrain de la liberté à demander et à défendre.

Votre Comité vous propose d'autoriser votre président actuel, M. Frédéric Thomas, à répondre dans le sens indiqué par ce rapport, à savoir :

Suppression des brevets de libraire et d'imprimeur ;

Faculté accordée à tous d'imprimer et de vendre des livres;

Signature ou marque de l'auteur sur chaque exemplaire de son livre, comme une garantie contre l'abus des clichés, la contrefaçon possible, et aussi comme une solennelle affirmation de la responsabilité qu'il entend *seul* assumer.

Dans un livre, un seul agent responsable, celui qui l'a écrit.

L'honneur de l'écrivain, sa personne, au besoin sa liberté, préférés comme caution, par l'autorité comme par le public à l'argent du débitant.

Enfin, à l'état de vœux, d'aspirations énergiques vers un état de choses désirable aujourd'hui et inévitable tôt ou tard, cessation absolue de poursuites intentées par l'Etat contre la presse, sous quelque forme qu'elle se produise, livre, brochure ou journal.

Afin que chaque homme de lettres puisse dire, en tous lieux, en tous temps, à quelque parti qu'il appartienne, son opinion sur les affaires de son pays.

Cette liberté de la pensée, sans mesure préventive qui l'arrête, sans poursuites du ministère public qui la paralyse, elle existe depuis longtemps parmi nous, elle est le grand honneur de la Société des Gens de Lettres.

Personne, au milieu de nous, n'élève de réquisitoire contre la doctrine opposée à la sienne.

Notre association est assurément le dernier lieu d'asile de la liberté.

Quand un écrivain malheureux, méconnu, vaincu, vient à nous, on l'accueille sans lui demander la couleur de son drapeau... qu'il peut cacher comme un saint et glorieux cilice sur sa poitrine.

Pour nous, l'étoile du ciel est plus haute que le clocher de l'église.

Quand c'est un soldat de l'idée qui nous arrive, qu'il entre, car c'est un frère : il a sa place à notre fraternel foyer.

La liberté de la pensée pour tous ceux qui combattent avec courage et bonne foi, quelle que soit la couleur qui la distingue, fût-elle blanche, bleue, rouge ou multicolore, voilà le principe qui doit sortir de notre réunion.

Les dissentiments, les polémiques, les combats peuvent venir, il y aura toujours ici un terrain neutre où vainqueurs et vaincus se tendront la main.

Vienne donc la liberté de pensée, indispensable à toute nation libre, à l'expansion des grandes idées, à l'éclosion des grandes œuvres.

Vienne la liberté de pensée, en ce siècle où, comme le disait un historien, M. Thiers, tout est *locomotion et information.*

Elle nous charmera, elle ne nous étonnera pas.

Car il y a longtemps qu'elle a, dans le huis clos de notre Société, trouvé une glorieuse hospitalité.

Paris.—Imprimerie de E. Brière, 257, rue Saint-Honoré.

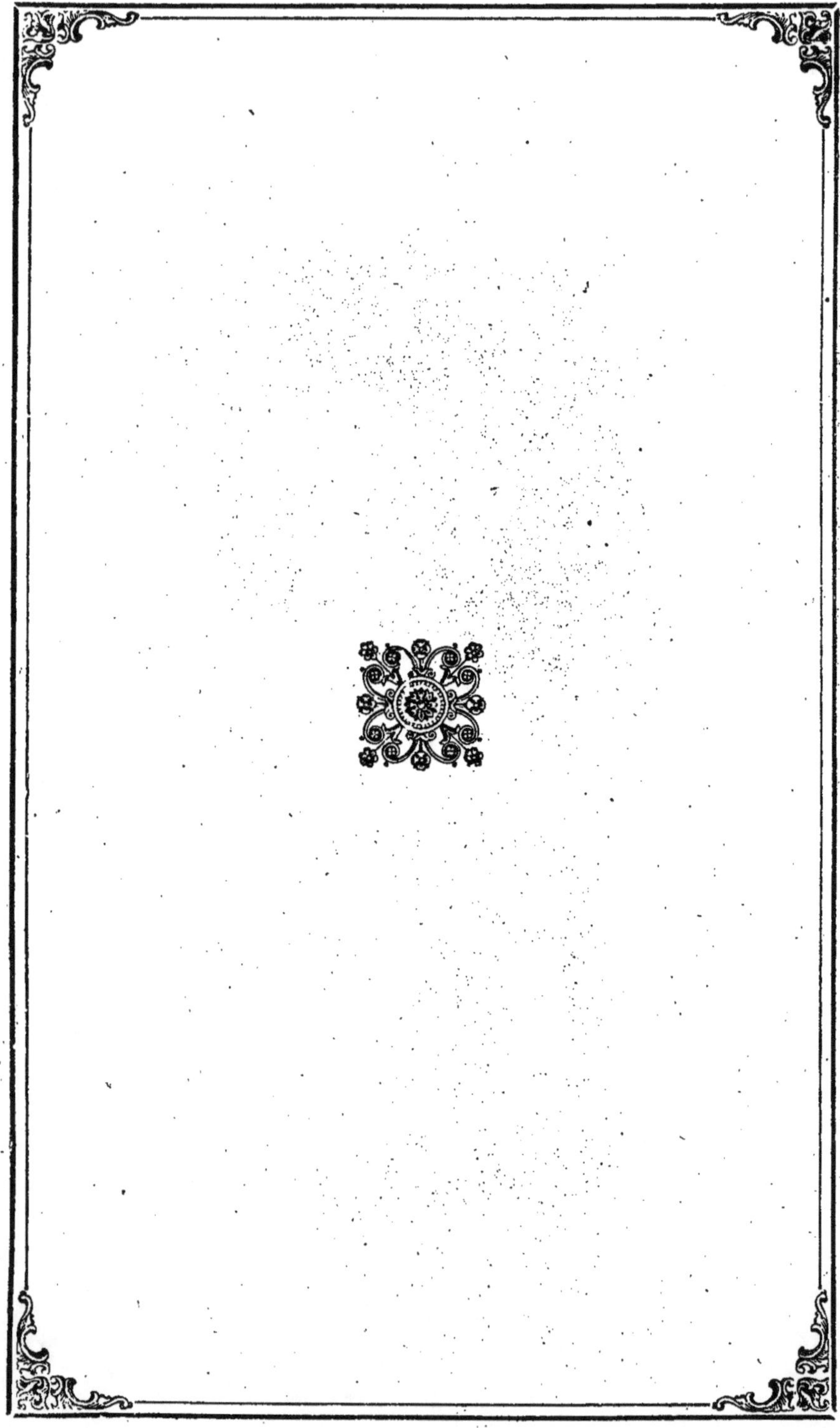

www.ingramcontent.com/pod-product-compliance
Lightning Source LLC
LaVergne TN
LVHW020517230826
846091LV00008BA/3493

9782019287207